잘디잘아서

이돈형 시집

제3회 선경문학상 수상작

잘디잘아서

•본문 페이지에서 한 연이 첫 번째 행에서 시작될 때에는 〈 표기를 합니다.
•저자의 의도에 따라 작품의 보조 동사와 합성 명사는 띄어쓰기가 달라질 수 있습니다.

시인의 말

오늘의 내가 아무리 막무가내여도
아무 일도 일어나지 않았으면 좋겠다

이돈형

■ 차 례

1부

몸살	18
죽을 만큼	20
잘디잘아서	22
사진	24
의자	26
상여	28
배가 아파 돌아오는 저녁	30
눈	32
나는 모자란 사람	34
연락	36
혼자 놀아서	38
저녁	40
삽질	42

2부

수지침	46
사람 人字는 八字와 비슷하다	48
농막	50
국수	52
무섬	54
국물	56
가방	58
허가 없이 나온 삶이	60
도시락	62
一心	63
어죽	64
어디서 고요를 데려와야 하나	66
사람에겐 어리석음이 있어 누가 내게로 올 때 손을 비비게 된다	68
태풍	70

3부

언뜻	74
그러거나 말거나	76
늪	78
어깨를 맞대고	80
노숙	82
도둑놈보다는 도둑님이 낫겠지만 그래도 훔치고 싶지 않았다	84
믹스커피	86
비	88
지랄	90
적당히	92
욕	94
구걸	96
쓰다듬다	98
일	100

4부

봄옷	104
무너지는 일	105
막걸리를 사들고	106
어둠	108
아주 사소한 실수	110
돼지껍데기	112
노릇	114
아가리	116
우물우물	118
나는 어떻게든 핥는 사람	120
빈집	122
선배	123
당신의 기억 속에 있는 내가 이만큼 자라서	124

해설 _ 아껴둔 쓸쓸함을 아는 돌멩이처럼   127
유성호(문학평론가, 한양대학교 국문과 교수)

1부

몸살

당신을 내몰았더니 몸이 아프다

사람을 짚어보는 일이 이젠 손으로 하는 일이 아니란 걸 알아 작은 열이 난다

제때 닦아내지 않아
흰 몸에 번지는 검은 잉크처럼

착실하게

대상 없이 사랑을 배워 사랑의 이기적인 것만 배워 애초에 사랑은 죽어 내게 죽은 사랑을 짚어가며

내몰았으니 물러 준다 할 수 없는
내몰렸으니 물러 달라 할 수 없는

그날이 하필 우리에겐 한날한시가 되어 당신을 짚어본다 이것이 나를 증명할 수 있는 유일한 방법

당신에게 나를 헹구듯 헹궈 널듯 널어놓은 내가 펄럭이

듯 분주해지다

짚어도 짚어지지 않을 때 나는 한 번 더 앓는다

없어서 있음을 알아가듯

죽을 만큼

사랑을 해야겠어
태어나서 아직 죽어보지 못했으니 죽을 만큼 사랑을 해야겠어

생각난다

손목을 그을 때 반짝이던 유리조각이, 반짝여 손에 힘이 더 들어가는데 그때 왜 하필 죽을 만큼이 되돌아왔는지

누가 그 손을 덥석 잡았다면 오랫동안 죽을 만큼 살아가겠지

그날 이후
집 없는 마음이 죽을까 조각만 보면 집어던졌어 집이 조각조각 부서져도 마음만 들여다보았어

죽었을까

나무나무나무를 말하는 내가 나무 안에 들어선 적 있나
공기공기공기를 말하는 내가 공기 밖에 나가본 적 있나

〈

사랑을 해야겠어

어디서 오는 사랑이 아니라 자꾸 어딘가로 가는 사랑 말이야

훗날이 입을 막고 모로 눕는다 해도 모른 척하고 약산에 진달래꽃 필 때까지 사랑을 해야겠어

죽을 만큼이란 게 알고 보면 순식간에 시들해지거든

* 김소월의 진달래꽃 차용

잘디잘아서

잘디잘은 돌멩이처럼 쉽게 구를 수 있다면 부르르 떨며 부서질 수 있다면

아무렇게 뒹굴다 부딪치거나 터져도 웃는 돌멩이처럼 근근이 소멸에 가까워진 돌멩이처럼

닮고 싶다

그런 돌멩이 옆에 팔베개를 하고 누워보면 쓸쓸함도 따뜻하다고 돌멩이에 코를 대면 가슴을 쓸어내린 냄새가 난다고

누군가에 말실실하고 싶을 때 그 냄새를 맡으며 부서질 대로 부서져 잘디잘은 사람이 될 수 있겠다고

잘아서 울음도 쉽게 망가지고 식은땀도 넉넉하게 흐르고 어쩌다 뜨거워져도 금세 식어버리는

아주 잘디잘아서 어떤 영혼에도 쉽게 상하는

〈
　가끔은 제 돌멩이에 뒤통수를 맞고도 배시시 웃는 돌멩이처럼

　아껴둔 쓸쓸함을 아는 돌멩이처럼

사진

꽃들이 사는 계절이면 좋겠다

내 생애 봄날 같은 사진이면 좋겠다

잠깐의 들뜸과 잠깐의 평온이, 아니지 슬며시 왔다 슬며시 가는 곁 같은 게 보였으면 좋겠다

작은 격렬이 얼비치다가도 세월의 자국이 긁히지 않았으면 좋겠다

그곳에 마실 가듯 소홀했던 시간을 천천히 업고 가는 모습이었으면 좋겠다

벗의 장례식에 다녀와 손에 쥔 비통을 풀고 저녁을 끌어 덮는 모습이었으면 좋겠다

실컷 꿈꾸다 꿈이 꿈같지 않아 탁탁 털며 깬 얼굴이었으면 좋겠다

꽃들이 사느라 바쁜 사월이면 좋겠다

〈

내가 아는 이들이 바쁘게 사느라 나를 찾지 않는 사월이면 좋겠다

사진사 양반 잠깐만 숨 한 번 몰아쉬고 찍읍시다

한눈에 봐도 나인 줄 알아 한 사나흘 머뭇머뭇 머물다 가는 사진이면 좋겠다

그러니 어느 날 내가 부르거든 놀러 오시라

나중에 꼭 놀러 오시라

의자

헌 집 같은 의자에 앉아
헌 집에 든 바람 같은 아버지가 담배를 태우신다

어쩌다
또 한대 태우신다

공복에 태우는 담배 맛은 정든 소멸처럼 애태움을 가시게 해

내뿜는 연기가 생의 뒷주머니 같은 골목에 퍼지다 종일 담벼락을 옮겨 다니며 중얼거린 의자의 그림자에 가 앉는다

어쩌다 하루란 게 있어
의자는 허虛의 혈穴을 찾아 하루치 삭고 아버지는 하루치 삶을 개어놓는다

어둑한 골목의 기색을 덮고 있는 두 그림자 위로 석양이 쇳물처럼 쏟아진다 아무데서나 문드러지기 좋은 저녁

〈
아버지 의자에 앉아 소멸만 내뿜는다
내뿜어도 자꾸 생을 일러바치듯 달라붙는 정든 소멸은 무얼까?

아버지, 담배 맛이 그리 좋아요?

상여

사람이 사람을 메고 허물어져라 상여 나간다

죽음이 출렁이는 하늘 아래를 머리로 이고 삶이 출렁이는 땅 위를 발로 밟아가며 상여 나간다

흰 상여 나간다

가벼움을 한줌 번쩍 들고 가는 사람들과 한줌의 가벼움이라도 남았을까 두 손 탁 놔버린 사람이

모두 희어서 눈부신 멸망

있음노 없음노 아닌 죽음을 베베고 사람들은 왜 왔있소 왜 왔었소 내딛고 한 사람은 왜 왔었나 왜 왔었나 내딛는다

요령소리에 갯바람이 불어오다 한 소식 나가신다고 두 갈래로 갈라져 그 몸을 숙이고

뒤따르는 자들마저 마음이 희어서 죽음에 장단맞춰나간다

〈
흰 상여 나가신다

배가 아파 돌아오는 저녁

꽃을 심어놓고

한 사내의 맘으로 꽃을 들여다보다 꽃처럼 살고 싶어진다

피고지고피고지는 날들을 거둬들이고 피는 순간 지는 일에 매달리는 꽃잎처럼

오늘의 바람에 귀 한 짝 떼 주고 오늘의 햇빛에 발 한 짝 떼 주고 남은 꽃잎 몇 개 겨운 졸음을 졸 때

같이 졸아주고 싶다

이 세상 꿈이란 꿈은 다 꾸고 난 후
아침이 오면 또 하루치만큼만 지는 일에 몰두했으면 하는 저 꽃의 저녁을 바라보며

나는 배가 아파온다

하루를 어르고 달래다 오늘에 체한 것처럼 배가 아파온다

〈
저렇게
피는 순간부터 지는 일에 몰두하는 모습에

내 저녁이 혀를 깨문다

눈

눈이 사람처럼 왔다

손바닥에 닿자 이내 녹아 버려 손바닥을 한동안 내놨다

지나온 맘을 데우는 것보다 허공에 내놓은 손바닥이 차가워지는 일이 더디다

나를 끌어안던 사람
나를 밀쳐내던 사람
나를 질책하던 사람
나를 죽여주던 사람

사람, 사람, 사람, 사람, 사람, 사람, 사람, 사람

눈이 사람처럼 오고 내민 손이 좀처럼 차가워지지 않아도 돌이켜보는 것에는 어떤 아름다움이 있어 몸이 따뜻해진다

쉽게 녹아내려도

〈

손에 잔금이 많아 손금을 그만 믿어도 되겠는데 눈이 사람처럼 내려와 한순간 정情이 돌기도 한다

사람이 갖는 외로움엔 한복판이 없어

누군가 만나는 일이 어려워지고 오늘 같은 날엔 눈 쌓여가는 나무의 잔가지들이 눈에 들어온다

모두 다녀간 사람처럼

나는 모자란 사람

아침마다 떠오르는 태양은 두 손이 녹아내려 잡을 수 없고

누구도 잡아 주지 않아 손끝과 손끝을 맞대면 모자란 내가 머릴 숙이고 들어갈 수 있는 그런 손으로

불알 두 쪽을 잡고
하염없이 뜨거워져라 뜨거워져라 말해야 하는 가혹함 속에서

살아나야지

누가 넌신 아침을 들고 글썽임에서 멀어지기 위해
누가 던진 목숨을 들고 고단함에서 멀어지기 위해

아무도 들일 수 없는 손깍지를 끼고 지옥의 한 귀퉁이를 생각한다 그 귀퉁이에 누군가 심어 놓은 한그루 사과나무를 내내 생각한다

손끝과 손끝을 맞댄 곳으로 사과 하나 툭 떨어지기를

〈
밑도 끝도 없이

천국처럼

연락

서로가 먼 데 있어

길을 걷다가 염치없이 오늘이 자빠질 때

어깨동무를 하겠다고 한쪽 팔을 허공에 걸쳤는데 팔이 떨어질 때

고양 시외버스터미널을 지나며 혹시 아는 사람 있을까 한 번 더 쳐다볼 때

도심의 빌딩 사이로 저녁 해가 헛걸음질 치는 바람에 속이 출출해질 때

잊기 위해 산다고 살았는데 집으로 돌아가는 길마저 잊어버렸을 때

잘 지내냐는 말 속에 나 자신도 함께 보내 버리고 싶을 때

그리움이 뭔지 알만큼 알아 그것이 원망스러울 때

〈
그리움을 더 작은 단위로 셀 수 없을 때

안부를 스스로 묻지 못할 때

체중만 늘어날 때

아직 따뜻할 때

혼자 놀아서

혼자 놀아서
점점 뻣뻣해지는 목을 좌우로 돌린다

우드득우드득

어쩌다 사람으로 태어나 쉼 없는 사람 흉낼 내겠다고
이 너른 생활의 감옥에 앉아 성가신 입을 다물고

네 것 같은 범람을 만지작거리며
내 것 같은 종말을 만지작거리며

혼자 놀다가

내가 나를 야단칠 테니
나를 들쳐 업고 너희에게서 멀어질 테니
온순해진 짐승처럼 뒷걸음질 쳐 나에게로 돌아갈 테니

너희는 너희끼리 모여 온기를 피워놓고 사람의 온기를
하나씩 집어던지다 사그라지면 식어 가길

〈
　설산에 쌓인 눈처럼 덮고 덮이는 일을 떠나 나에게 거꾸로 매달려 어딘가 자꾸 욱신거리는 구석을 떼내며
　누가 흔들렸나 구경이나 할 테니

　있어도 그만 없어도 그만인 게 내 일이나 되게 할 테니

　혼자 놀아서

　사람소리 들리지 않게
　희망소리 들리지 않게

저녁

지상에 남겨진 기척들을 모조리 쓸며 저녁이 온다

가둘 것이 사라지고
둘 데 없는 눈들이 조금 먼 데를 바라보게 되는

어느 누구라도 삶이라는 덩어리를 어깨에 메고 짐승의 그림자처럼 터벅터벅 걸어와도 무방할 저녁이 온다

다 뭉개지는데

생활 속에 나를 밀쳐놓았다가도 아픈 데가 있으면 들여다보듯 오늘이 이 저녁을 들여다보고 있다

둘러보면 모든 것이 뭉개진 사방인데 한낮에 벌인 사투의 현장에 조금 남아있는 붉은빛에 물려

나는 입을 틀어막고

한 저녁이 한 사람의 육신을 달래는 동안
한 사람이 한 저녁의 신전을 뉘이는 동안

〈

둘러메는 일보다 더 어두컴컴한 일은 없다고 어깨를 털며 저녁을 쥔다

신의 이물 없는 손을 잡은 것처럼 이 저녁이 대책 없다

삽질

한눈파는 사이 내가 사라졌다

강가를 산책하던 일을 그만두니 강은 안부 없이 저 혼자 흐를 테고

동학사 대웅전 부처는 볼 때마다 여전하시냐며 시비 붙는 놈 없어 가운데 토막 잡고 몰입할 테고

심천의 물고기는 노상 천렵 오는 놈이 보이지 않아 이 놈이 죽었나 싶어 맘 놓고 물 반 고기 반일 테고

발 포갰던 여자는 한낮에 벗어 놓았던 꽃무늬 브래지어를 앞으로 돌려 후크만 잠갔다 풀었다 할 테고

책상 앞 민중 에센스 국어사전은 떼쓰는 놈 없어 우리말을 잊었을 테고

사람들 골짜기에 심어 놓은 꽃들은 심기만 하고 나돌아 다닌다고 지랄지랄 필 테고

나는 삽질만 하다 삽자루 부러져

끝,

2부

수지침

사혈이 흐른다

한동안 몸속에서 검게 뭉쳐 있다가 감옥에서 탈출하듯 흐른다

탈출한 검은 피가 손톱 옆을 타고 흐르다 굉장한 해방감이라도 맛본 듯 검다 못해 아예 새카맣게 변한다

기쁜 일이다

닦아내도 흘러나와 그곳을 누를수록 산 피가 이제야 숨 좀 쉬겠다고 죽은 피를 마지막 한 방울까지 밀어낸다

나는 아무래도 괜찮다는데 왜 피는 뜨겁다 못해 타 죽은 것일까
끓는 피를 삭히지 못하는 내 사는 방식의 서투름 때문이었을까

한 사나흘 푹 쉬고 싶다는 말을 입버릇처럼 달고 다닌

게 피의 비명이었을까

닦아낸 휴지에 죄 없는 내가 묻어있다

사람 人字는 八字와 비슷하다

저만큼이 있어서

얼굴을 씻고 화장을 하고 멀지 않으니까 팔을 뻗으면 닿을 수 있으니까

내게 넘치는 얼굴을 씻고 저만큼이 있어서

땀은 목덜미로 흘러내리고 타들어가는 갈증을 꾹꾹 참아가며 씩씩하게 팔을 앞뒤로 저어가며 저만큼이 있어서

그럴수록 더 저만큼으로

재개발구역 펜스를 따라 돌아살 때는 하굣길 사이 몇 개의 지붕이 사라진 걸 알게 되고 폭삭 주저앉은 지붕 위에 또 다른 지붕이 폭삭

저만큼에 있었을 지붕과 지붕을 다시 올려가며

씩씩하게

〈

　지난날로 돌아갈 수 없으니까 무한한 얼굴로 돌아갈 수 없으니까 땀에 젖은 화장을 고쳐가며

　사라지는 것처럼 살아지는 일이 있어서 살아지는 일이 사라지는 일보다 저만치 있어서

　잠깐 왔다 가면 안 될까?

　자꾸 사나워서

농막

체리나무였다

경사면을 오르는 사람들을 나무가 번갈아 바라보았다 하나같이 작고 여리게 매달린 채로 와 졸지에 야생이 보이지 않았다

한 사람이
체리나무에 올라가

손에 닿는 곳의 체리를 땄다 햇빛이 쏟아져 주위가 온통 체리 맛이 났다 손에 든 체리를 입에 넣자 다들 우르르 몰려들었다 매달린 체리마다 한 사람씩 매달려 손을 내밀고 손을 뻗었다 기깝게 있었다 조금 더 머물렀다면 체리나무 밑에는 온통 우리가 매달렸을 것이다 가까워지기 위한 방법처럼

한 사람이 따 온 체리를 씻는 동안에도 우리는 온통 체리 얘기였다

나는 새들이 손 닿지 않는 곳에 있어 농막 주인인 난수

언니에게 새를 유인하는 방법을 물었다

내 몸에서 골방냄새가 났지만 맹목적으로

가까워지고 싶었다

국수

국수를 삶는다

긴 장마에 벽지가 뜨고 곰팡이 냄새는 내가 세상에 매달려 내는 냄새처럼 뭉쳐있다

새들의 좁은 입으로 저녁의 외벽이 물려있고 사람들은 하루치 몸에 밴 곰팡내를 털며 돌아온다

삶는 냄새엔 사려가 있어 친근하다

끓어오를 때 찬물을 붓듯 허기를 끼얹고 돌아오는 사람들에게 창문을 열어 냄새를 풍겨볼까

핏물 빠진 실핏줄처럼 면발이 풀어질 때까지

풀어주는 게 아니라 풀어지는 게 방생이 아닐까 국수를 저으며 생각한다

저을수록 한 방향이 적막해지고 갓 삶아낸 면을 헹구다 보면 손 씻는 삶을 어르는 소리가 들려

〈

안간힘과 안간힘이 불다가 한 덩이가 될 때까지 삶은 국수를 냉장고에 넣는다

무례하게 불은 국수가 좋다

무섬

누군가의 물수제비가 물살을 거슬러 오른다

납작한 돌이 튕길수록 잔잔함에 잡힌 멱살처럼 하나 둘 셋 넷…… 다시 와 줄 수 없는 전생처럼

물살이 비껴 났다

사람들은 외나무다리를 건너고 있다 일렬로 서서

조금 멀리서 보면 그 모습이 물수제비 뜨는 모양이라 했을 것이다

이쪽에서 서쪽으로
저쪽에서 이쪽으로

오고가다 마주치는 것이 아니라 마주보고 오다 마주친다

전생에 가슴 저린 사람이 먼저 비켜선다 이생에선 잠시 비켜서겠다는 듯 비켜선다 보내고 나도 가는 모습을 볼 수 없는 외나무다리

〈

마주쳤으니 비켜설 줄 아는, 비켜가는 것이 아니라 비켜서는 사람들

물수제비 뜨던 사람도 외나무다리에 올라선다

* 무섬: 영주시 문수면 수도리에 위치한 마을 이름. 3면이 물로 둘러쌓여있는 대표적인 물돌이 마을

국물

지척에서 지는 것을 보면 흘리는 일이 많아진다

가령,

떨어지는 꽃잎에 파묻혀 영자나 미자의 얼굴이 뒤바뀌다 몸 밖으로 흘러나간다거나

늦은 밤까지 비워야 할 불행과 술을 마시다 돌아오는 택시 안에서 어머니 기일을 빠뜨리고 내린다든가

기일 지나 찾아간 산에서 볕이 좋아 어머니 묘에 등을 대고 잠들었다 일어나니 볕은 사라지고 태우기 좋은 오후만 남았다는가

또는,

그리워질 말이 소매를 잡아당겨도 한번 말하기 시작하면 그 속에 파묻혀 침묵을 흘리게 된다든가

많은 말에 입이 돌아가 허튼 나를 흘리고 다닌다든가

하는 말마다 가벼워 위로받지 못한 자들이 하나둘 떠난다든가

  암튼,

  요즘은 밥 먹을 때도 자주 국물을 흘린다

가방

네가 사라져 불타는 마음과 마주친 적 있다 흩어지는 목덜미를 잡고

버릴 게 없는 사람에게 말미를 주고 한동안 돌아다녔다 쓸고 닦는 일이 일상이 되었지만

빈 곳을 닦아도 네가 묻어나 혼자 건디던 그림자를 이리저리 옮겨 놓았다 그런 밤은 오래 씻었다

여기는 내가 데리고 있으니 여기에 없는 것은 거기서 지내라고

낱 없이
탈 없이

버려도 되는 것들을 골라 담아두고

어쩌다 빈말이 튀어나와 여기가 먼 곳이라 중얼거리고 중얼거림도 야위어 나를 밖에 놓고 돌아올 때가 있었다

〈

　뒤져도 나올 게 없는 사람이라 가본 적 없는 그러나 기다림에서 멀지 않은 곳을 찾아다녔다

　거기라면 돌아올 걱정 없이 손에 잡히는 것을 쉽게 들 것 같아서

　빈 가방이
　빈 가방을

허가 없이 나온 삶이

나는 물기를 짜내지 않아 젖었고

젖었으니 망설여도 되는데 어렵다 어려워도 이곳에선 실수 없이 보내야 하는데

아침에 도시락 가방을 들고 나오며 인류가 흘러가는 것을 지켜보는데 도시락 가방이 흔들리는데

어렵다 오늘도 도시락을 먹으며 잦은 실수와 싸우는데 밖에서 첫눈이 온다고 소리치는데 첫눈이 있을까 인류가 흘러가는데

왜 태어났냐 물었을 때 그걸 알면 어떻게 살겠냐고 태어났으니 산다 했는데 그 말의 역사가 깊었으면 했는데

휩쓸려

어땠어? 어땠어? 묻지 않으면 안 될 것 같고
어땠어? 어땠어? 물으면 끝내주게 좋았지 뭐

〈
　라고 말하고 싶은데 인류가 다람쥐도 아니고 자꾸 쳇바퀴처럼 돌아

　어렵다 허가 없이 나온 삶이

도시락

아내는 도시락 가방을 챙기며 안해안해 했을지 모릅니다

같은 일이나 반복하자고 같이 산 건 아니니까요 가끔 선물을 들고 뜻밖의 일처럼 내밀 때 한 남자가 되듯이

아내도 한 사나흘 바닷가나 찾아가 해변에서 긴 그림자놀이를 하다 문득 사람 냄새가 그리워질 때 돌아와

뜻밖의 일처럼

냉장고를 뒤져 아직 상하지 않은 것으로 한 끼 차려 놓고 한 여자가 되었으면 싶었을 겁니다

이제 그렇게 합시다 정처 없이 혼자 놀다 어두워져 겁이 날 때 익숙한 곳을 찾듯 찾았으면 합니다

그때 아는 얼굴이 되어 다행이면 됩니다

집을 나서는데 의리로 산다는 말이 오늘의 따뜻한 도시락 같습니다

一心

아버지의 팔뚝에 새겨진 一心

나는 그 팔뚝에 매달려 자랐으나 一心엔 관심이 없었고 아버지는 一心을 몸에 새겼으나 뜻대로 이루어지지 않았다

팔뚝이 굵어질수록 一心은 가늘어지고 색이 바래면서 아버지를 닮아갔다

남자답게 살겠다는 一心이 남들만큼만 살겠다는 一心으로 변할수록 당신은 당신을 다그치는 一心으로

나는 그런 당신의 팔뚝을 벗어나려는 一心으로

돌이켜보면 아버지의 一心은 드릴이었을 것이다 뚫고 들어가야 할 곳이 생기면 죽자 사자 뚫고 들어가야 했던 一心

끝내는 生을 뚫어버린

어죽

다슬기어죽 한 그릇 먹으러 금산에 와보니

물 반 고기 반인 냇가가 산 밑에 쪼그리고 앉아 초여름을 싸고 있다

찰 찰 찰

갓 젖을 뗸 물고기마냥 내가 젖는다 한 때 없는 한 때나 부끄럼 없는 들킴처럼 젖는다

슬픔의 청정함이 모자라 속을 들춰보다 탈 나 여기까지 왔다

멀지 않은 곳에서 더위가 초면의 한낮이랑 놀고 미뤄둔 일들은 그늘 밑에서 두 다리 뻗고 있고 속은 땅바닥에 앉아 나와 풀썩이는 동안

어죽이 끓는다

속이 허심탄회하게 나를 풀어보겠다고 어죽을 먹는다

〈

　물고기 기척은 붉고 흐리고 흩어진 듯해도 짐작할 수 있어 좋다 잘 풀어진 속 같아 좋다

　거머쥔 속이 묽어진다

어디서 고요를 데려와야 하나

작은 생활이 웃음의 뒷목을 잡고 어디론가 가버려 잠시 숨 좀 쉬어야겠는데 어디서 고요를 데려와야 하나

조용히 하라던 시간이 실례를 무릅쓰고 이 몰아치는 아침을 질주하듯 함부로 버릴 수 없는 생활의 흠들이 나를 질주해

고요를 아시나요?

기척 없는 생활에 있어도 그만 없어도 그만인 사람처럼

나야 나, 그래 잘 지내냐고? 나야 뭐 늘 똑같지 그냥 숨만 쉬고 살아 언제부턴가 그게 편하더라고

식은 평안처럼 말해놓고

숨 좀 고르겠다고 찾은 바닷가에서 파도가 앞선 파도를 밀치며 먼저 숨 좀 쉬면 안 되겠냐는 말이 하도 간곡해

〈
　나는 쥐죽은 듯 숨죽이다가 큰 생활의 뒷목을 잡고 오늘은 그냥 지나가기로 한다

　불량한 참담을

사람에겐 어리석음이 있어 누가 내게로 올 때 손을 비비게 된다

버스를 타고 한 사람이 오고 있다 흔들림에 저항하며 창밖은 그대로 놔두고 한겨울 저 싯푸른 하늘만 움켜쥔 채

좀 전에 나눈 체념에 대해
체념보다 한 점 티끌인 사람에 대해

마침내 메마름에 대해

나도 모르는 내가 수없이 쌓여가는 버스가 내게로 오고 있다

나는 놀란 사람처럼 두 눈을 동그랗게 뜨고 혼자 시끄럽게 굴다가 간헐적으로 그러나 가볍지 않게 손을 비빈다

뭔가 치워야 할 것 같고 무엇이든 제자리에 갖다 놓아야 할 것 같고 내 안에 나를 파묻어야 할 것 같아

시계를 쳐다본다

〈

　마주보고 나누어야 할 체념이 먼저 체념에 들까 봐 뒤부터 흔들리는 버스를 재촉하며 한 사람이 오고 있다

　나에겐 아직 어리석음이 많아 밖을 내다볼 수가 없다

태풍

강변엔 억새가 두 뼘 정도 더 자라 바람을 맛보고 노란 꽃은 종일 웃느라 입이 귀에 걸려 바람이 헛딛는다

갓 날개를 가진 새를 따라 지저귀려 했지만 새의 언어는 매달림의 살갗처럼 땅에 떨어질까 곰곰이 말문을 닫고

바람을 열면 생기는 일이 있고 그 일을 지우려 애쓰면 가끔씩 흉기가 될 수 있는 독백도 있다

괜찮다고 말하면 슬픔의 맨살이 달아날 것 같고
당신을 말하면 슬픔이 오늘의 일과가 될 것 같아

어니쯤 사시는지

혼잣말은 태풍의 눈에 든 듯 반문이 없지만 헛디딘 안색을 털게 한다

고요가 하나둘 모여 요란이 생기는 것이 태풍이라면 내게 태풍은 아우성이는 반문을 받아들이는 일

〈
잠자코 있어야 한다

바람에 이마를 대고 태풍이 올라오고 있다니 노란 꽃들아 내일은 바람을 그냥 놔둬야겠다

3부

언뜻

벵갈고무나무에 잎이 나오면

어린 생명을 데려다 놓은 듯 몸 안에 젖이 돌기도 한다

젖이 돌면 내게도 이따금 이파리가 돋아 멀리 가지 않은 부끄러움부터 달래며 착해지려 했다

모자랄 땐 넘침을 생각하지만 넘칠 땐 모자람을 생각하지 않는데

언뜻,

무성해서

큰 귀를 열어 둔 잎 몇 장을 떼어 낸다

한 자리 옮겨가도 여기와 거기가 다 푸르리란 말을 들은 적 있는데

젖을 떼면 마음의 알량함이 들킬 것 같고 착해지겠다는

다짐을 떼어 내는 것 같아 그 말을 할 수 없었다

   떼어 낸 잎에서 초유처럼 흰 것이 방울방울 떨어진다

   너른 잎이 여린 잎을 키우는 동안 벵갈고무나무는 나를 키우고 있었다

   언뜻,

   한 소식에 대해 말하며

그러거나 말거나

괜찮다는 말은 말리지 않아도 가고 내 안의 것은 말려도 간다

봄에 널어놓은 그리움이 가을을 타는지 칭얼거려 업고 나간다 업고 가거나 업혀 가는 일은 살아서 하는 일

발꿈치를 들었다

저녁은 가을빛을 다독이느라 분주하고 빛은 한목숨이 아니면서 한목숨처럼 애간장이 아니면서 애간장처럼

그러나 맨발의 전사처럼 끌고 온 소용돌이처럼

스민다

노랗고 붉고 흰 것이 묻히고

당신이 있었다면 당신의 시월은 어땠냐 물었을 테고 나는 내 안에 숨겼는데 못 찾겠다 했을 테고

〈
그러거나 말거나

시월은 등에 업힌 그리움의 머리채를 잡아채고 그리움은 왈칵 눈물을 쏟고

가난한 몸살은 내 안의 일이고

늪

비탈진 길을 내려가면 입구는 입구대로 지경은 지경대로 놓인 농장이었다

한 소절의 노래가 끝났을 때 나는 막 도착했고 고심을 멈추듯 그러나 심장이 멎듯 개가 짖었고

뒷 소절을 마저 듣고 싶었는데

이 지경에 이른 사람의 심장에서 내 심장이 아픈 냄새를 맡으면 짐승들이 놀라 오후를 망칠 수 있어

입을 다물었다

호랑이 무늬를 한 개가 시절을 물고 흔들어댄다 바람을 물고 흔들어댄다 시절이 다 빠져나가도록

말없는 짐승 같았다 뱃구레가 늘어진

낳은 지 얼마 되지 않은 새끼들이 어미젖을 물컹물컹 깨물며 다녔고 어미는 나를 한 마리 기린처럼 바라보았다

〈
이를 꽉 깨물고 인사를 나누는데 내가 웃고 있었다

어깨를 맞대고

모임에 갔었지

오늘은 모임 말고 할 수 있는 게 없어 모여들고

어깨를 맞대고 이처럼 다정한 어깨는 없을 거야 어깨를 맞대고 이처럼 쉽게 조용해지는 어깨는 없을 거야 되돌아갈 어깨를 맞대고

네 졸음이 내 졸음이 될 때까지 어깨를 맞대고 들어오는 사람마다 옆으로 와 옆으로 와 얼굴을 맞대고

높낮이 없는 어깨를 봐 어쩜 이렇게 인정하는 얼굴들일까

알게 모르게 있으면 돼 어깨를 맞대고 누군가 한 발 두 발 뒤로 물러나 혼자 노는 일에 열중해도 어깨를 맞대고

언제 끝날지 모르는 이 견해들

오랜만에 모였으니 없어서는 안 될 사람이 되어 손을 들거나 박수를 쳐야겠지 할 말 없는 눈은 지그시 감고

〈
대책 없이

착한 어깨를 맞대고

노숙

흘러간다는 말에는 왜 서글픔이 들어앉아 있을까

강의 물은 강물이 흘러간다는 말에 물고기 지느러미를 잡고서야 엎드려 운다

물결이 파동 친다

거슬러 오르고 싶다거나 노숙의 생에 지쳐 엎드린 거라면 강가의 나뭇가지들은 흔들리지 않았을 것이다

작은 물고기들이 떼 지어 지느러미에 강물을 업고 몇 미터 내려가는 동안 물의 젖은 눈이 마른다

강 주변엔 햇빛과 바람이 유독 많아

햇빛에 마른 눈물이 물 위에 반짝이고 바람에 이끌린 발자취들이 펄럭인다

눈물이 흘러 우는 것은 그래도 행복하다

〈

스스로의 용서처럼 울고 싶어도 울지 못하는 것들이 얼마나 많은가

울어볼 만큼 울어 봐도 눈물이 마르지 않아 나는 아예 울 생각을 않는다

강의 물에 어떤 군말도 할 수 없어 따라 걷고 있다

노숙의 생에 긍지가 생긴다

도둑놈보다는 도둑님이 낫겠지만 그래도 훔치고 싶지 않았다

선량하지 않아서 할 말이 남아서

거기에 갔었다 거기서 거기라는 말, 참 쉬운데 나는 왜 흔들렸는지

길가의 풀들이 죽을힘을 다해 흔들릴 때 죽음을 무릅쓰고 다가오는 것도 있더라

원죄 같은

마지막 인사란 없는데 방금의 일이 손쓸 틈 없는 그리움이 될 줄 모르고 지침도 힘이 되는지 물었었다

당신의 저편을 넘나들 땐 모두의 인사로 한몸 없이 햇빛을 쬘 것 같고

당신을 훔치러 온 내가 흑탄처럼 쉽게 묻어나 어쩌다 찬 돌멩이가 거기서 거기를 다시 툭 차 버렸다

매달림은 탄피 같은 거라 지나고 나야 알게 되는 연습

같은 거라 아무래도 슬픔이 남아도는 거라

 덮어주면 편해지는 것들이 있다 갓 태어난, 갓 떠난, 그리고 갓 닫힌 말문처럼

 오늘은 모두의 선량한 인사를 훔쳐 당신을 덮어주었다

 여기에 한때 당신이 있었다고 하자

믹스커피

밥은 먹었니?

간헐적으로 먹고 다녀요

말을 적게 할수록 사람다워질까 참는 연습을 한다

어제는 하루를 깜빡이다 코를 골았고 오늘은 똥 싼 바지처럼 아래가 헐렁한 마음이 켜졌다 꺼지고 죽었다 살아나

죽으나 사나 참는 연습을 오래 하기로 한다

밖과 그 바깥이 섞이면 난은 배시시 풀어지는 연습을 하겠지 이 다정에서 저 다정을 보거나 한 사람의 머리맡에 놓인 의미를 다한 노래처럼

저어 볼래요?

사람이 제일 힘들다고 해요 기대면 마주보는 일이 더 어려워지는데요

〈

거듭나는 세월을 같이 보내는 일이라 내 시간의 잔병은 오간 데 없고

사람다워질까 나는 다 앓고 난 세월을 닮고 싶었는데

맘이 닳아 몸이 길들여진다

아직 젓고 있니?

비

비에 우산을 씌우고 어깨에 손을 얹고 비의 집으로 간다

나를 끌어당기며 비는 젖어 아무 데나 앉아 비의 젖은 옷을 짜주려 한다 비가 팔짱을 낀다 이 황망함을 어쩌나

둘러보는 일이 몇 걸음 물러나도 어수룩해질 때

함부로 비움이랑 놀아보겠다고 시간의 무덤을 찾아다 니는 동안 내 시간이 비움이랑 같이 늙어

손때 묻은 지난 비와 지상의 하구 쪽으로 흘러가는데

오늘의 비가 내린다

세상에 고개 든 것들을 툭툭 쳐 고개 숙이게 하는 오늘 의 비가

몰아 쓴 행복이 많은 게 나라며 아무리 씻겨도 씻기지 않는 게 나라며 나를 데리고 비의 집으로 간다

〈
후생의 일처럼 이렇게 홀가분해도 되는지

비야, 우산은 접고 가자

지랄

지나온 일이 드라마 같다는 너와 어떻게 그런 흔한 말을 할까 하는 나는

신물

어떤 드라마는 눈물을 흘리기도 했는데 이제 가여운 드라마는 볼 수 없는 걸까 눈물이 사람에게 신물이 난 걸까

지나온 일이 있었던 일인지 있었어야 했던 일인지 따져 물으면 했던 것 같기도 하고 안 했던 것 같기도 하고

아무리 생각해도 데워지지 않는

독수리가 제 몸보다 큰 산양을 낚아채 날아오르는 걸 봤을 때 가능하겠냐 싶었지만 이건 두 눈으로 본 일

말해도 믿지 않을 테고

내겐 지나온 일이 철 지난 드라마처럼 떠오르지 않고

〈
 삶은 불고 지금은 비를 다 떨어뜨린 바람이 불고 산양
의 영혼이 불고 불지 않아도 우리는 자꾸 자빠지고

 드라마틱하게

적당히

적당히 하자

뭘 하자는 걸까 이미 할 건 다 한 것 같은데 다시 뭘 하자는 걸까

산은 산이고 물은 물이라 했는데 그렇다면 사람은 사람인데 여기에 왜 적당히란 말이 끼어들까

인사동 거리를 걷다가 사람과 사람 사이를 걷다가 던져버린 시간과 시간 사이를 걷다가 시간이 걸릴 것 같아 시간이 필요할 것 같아

시간이 걷는네

너와 나 사이를 걷는데 인사동 거리를 걷는데 노천카페에서 내려다보는 시선과 시선 사이를 걷는데 비가 내려 시간이 젖으며 시간이……

이미 할 건 다 한 것 같은데 뭘,

〈
적당히

적당히 하자

욕

씨—발—놈—아
씨—발—놈—아

네가 친하니까 한마디 말해주는 거다

욕이란 말이다 상대에게 예를 갖추고 하는 거다 목소리를 최대한 낮추고 능구렁이 담 넘어가듯 스무스하게 그러나 정확하게

독백하듯
그래 독백이란 말 알지, 혼자 지껄이듯

씨—빌—놈—아

그러면 욕의 순수는 사람을 향해 밑으로 쫘아악 깔려가다 사람의 얼굴에 닿았을 때 훅 치고 올라가 얻어먹고도 할 말을 잃게 하는 거란다

들었는데 욕 같지 않게
욕 같은데 기분 더럽지 않게

〈

　알고 얻어먹는 욕과 알기 전에 얻어먹는 욕의 차이는 크단다 죽이기 전에 미안하다는 말을 듣는 것과 죽여 놓고 미안하다는 말을 해야 하는 차이랄까

　살면서 욕 한 번 안 해본 놈 없겠지만 그래도 욕은 스스로에게 할 때 제일 낫단다 하는 놈이나 듣는 놈이나 맘 편하거든

　씨-발-놈-아

구걸

의자에 앉으니 나 아닌 쓸쓸한 사방이 넘치고

이마의 주름엔 맡길 수 없는 가난이 살아 짧게 내쉴 수 있는 숨을 구걸하다 어스름한 먼 그대들을 구걸하다

구걸이 몸에 밴 먹빛처럼 선선해지면 바랑같이 짊어지면 구도가 될 때도 있다

밥 한 공기 구걸하다 나무와 새의 물 한 모금 구걸하다 내게 없는 눈빛을 그대들에게 구걸하다 죽은 자의 지혜를 구걸하다

구도까지 구걸하는

그러나 염치는 한 길로만 다닌다는 사실! 아뿔싸 다녀갔구나

이건 아니지 쓸쓸함의 사방에 덤비며 이건 아니지 탁발한 맘의 가난에 시위하며 내 위에 앉아 가볍게 망해가며

〈

   한 방울 공기처럼 내 산천에 깔린 고함을 찾아다니다
죽은 자의 반질반질해진 옷소매에 콧물을 닦으며

   주름의 무심을 펴보려 하지만 어스름은 위험해

   묵언을 구걸하다

쓰다듬다

어린 봄이 끌어안는다

품은 마음의 일이라 안기면서 이래도 되는가 싶었지만 봄이 봄을 타는 것보다 내가 봄을 타는 게 낫겠다 싶어

막 돋아
어떤 그리움도 생기지 않은 봄눈처럼 걷는데

인부들이 가로수의 가지치기를 하느라 사다리차를 타고 올라가 이른 봄들을 싹둑싹둑 자르고 있다

없어도 그만인 가지들이 없어서는 안 될 봄을 끌어안고 떨어진다

화르르
일생의 냄새가 났다 뒷모습 없는

사방이 캄캄하다거나 속수무책 같은 일은 일어나지 않았지만 없어도 그만인 내가 부러운 사람이 되어

〈
걸었다

봄을 타는데 몸에 든 봄이 뛰쳐나가려 하고 봄의 나머지는 한두 발짝 뒤쳐져 따라와 왜 그러냐며 손을 잡아끌었다

바람이 좀 차갑긴 해도 쓰다듬는 일을 멈추지 않았다

일

영길이는 저수지에서 살다시피 한다 던져 놓은 낚싯대를 죽어라 쳐다보는 것이 하루의 전부다 어쩌다 붕어새끼 한 마리 올라오면 붉은 손으로 쓰다듬다가 이내 놔준다 언능 돌아가라는 말을 잊은 적이 없다

4부

봄옷

옷 한 벌 사러 가는데

봄은 게 눈 감추듯 사라지고 있는데 욱신거리는 봄의 꽁무니를 따라 봄옷 한 벌 사러 가는데

이것저것 고르다 기왕이면 밝은색이 좋겠다 싶어 화사하게 옷 한 벌 걸쳐보는데 제법 봄 사내다웠는데

봄 사내라니

내겐
이미 오래전 나를 떠난 사람 같고

한 소녀의 봉긋한 가슴에 꾹꾹 눌러 둔 사람 같고 어느 바닷가에 어지럽게 찍어 놓은 발자국 속에 끝끝내 파묻어 놓은 사람 같고 길거리 술집마다 앉혀 놓고 온 사람 같아

새로 산 봄옷을 게 눈 감추듯 쇼핑백에 넣고 봄 처녀 같은 마음으로 돌아 나온다

다시 봄 사내 되기는 어려울 것 같아

무너지는 일

낡은 건물이 무너지기 시작하였다 엄밀히 말하면 무너뜨리는 것이다 이틀 사이에 말할 틈 없이 말끔히 무너졌다

무너지기 전에 나는 그 앞을 지나다니며 다짐을 데려오거나 가끔은 맑은 오후를 만지기도 하였다

한 번은 개조심이라는 붉은 글씨를 보고 개를 만나려 하였으나 배웅할 수 없었고 나는 그렇게 지나다녔고

개조심보다 사람조심이란 글씨가 더 붉고 선명한 날엔 안을 몇 번이고 들여다보았다

얼마나 사랑했으면 무너질 담벼락에, 얼마나 시렸으면 무너질 담벼락에, 얼마나 두려웠으면 무너질 담벼락에

먼저 무너지고 새카맣게 질려서 갔을까

사방이 새카매서 그 마음 들키지 않아 또 얼마나 안도했을까 돌아가서는 어떤 작살이 되었을까

무너짐이 얼마나 힘든 노동이었을까

막걸리를 사들고

 비뇨기과를 갈 때마다 의사는 의자를 젖히며 전립선 비대를 말한다

 탈모치료제로 전립선 약을 쓰는 경우도 있다는데 의사의 머리는 자꾸 벗겨지고

 물이 고이면 썩게 되죠 일주일에 한 번 이상은 사정을 하세요 사정을 말하는 의사의 말이 사정으로 들린다

 한때는 꿈의 궁전에서 신물 나도록 사정을 해 봤지만 지금은 사정만큼 힘든 일도 없다

 봉사성해도 봉하시 않는 일이 누두룩해지고

 사정의 순간마다 체위를 바꿔 봐도 그 끝은 언제나 어떻게 되겠지였다

 새 생명을 얻는 일은 다시 태어나는 일보다 어려웠다

 지나간 것을 두고 다시 사정할까 싶었지만 그건 차후

의 일, 약봉지를 들고 가다 배뇨를 위해 막걸리 두 병을 샀다

 봉지 속 덜렁거림은 사정을 알 리 없는 순한 소리였다

어둠

한순간 몰려오는 것들은 눈이 없더라

눈 없는 것을 피해 달아나다 그을린 어둠을 삼키려는 당신을 보았다

어둠 속에서 눈과 눈이 마주치면 몸은 말을 듣지 않더라

언제 닦았는지 모를 빛바랜 구두가 내색 없이 눈에 들어오더라

한 눈물이 쓸모없는 손을 씻듯 눈치챌 수 있을 만큼만 어둠을 훼손하니 반짝이니다

지난여름 장미넝쿨 앞에서 꽃주름처럼 지려는 당신을 안아볼까 망설인 일만 어둠에 항거하더라

그러나 어둠은 먹통처럼 당신의 한 귀퉁이가 되어 가더라

〈
　나는 그 어둠에 들어 당신의 지천을 달래려다 숨이 마르는 냄새에 하등의 인간이 되더라

　머뭇거림도 소란이 되더라

아주 사소한 실수

영자는 선배 손에 이끌려 다리 밑으로 사라졌다

폭동이라 하였고 혁명이라 하였으나 우리에겐 중2의 오월이었고 자주 사타구니를 긁었었다

어른이 할 수 있는 짓은 뭐든 해 보고 싶은 오월이었다

선배가 짱돌 위에 영자를 눕히고 개새끼처럼 헐떡거리는 동안

우리는 뚝방에 앉아 개 같은 봄날에 개 같은 몸을 말리며 시간을 죽이고 있었다

그때까지 다리 밑은 들여다볼 수 없는 암흑이거나 신성한 곳이었으나

때로는 되돌아가 몽둥이란 몽둥이는 다 때려잡고 싶은 곳이기도 하였다

영자가 돌아오고 미처 털지 못한 등의 흙을 다른 영자

가 털며 아, 씨팔 개새끼라 말했다

  또 다른 영자는 김창완의 청춘을 부르기 시작하였다

  푸르른 이 청춘이 진동할수록 반항이라 하였고 폭주라 하였으나 영자에겐 짱깨 냄새만 진동하였다

  우리가 꼰대들의 아주 사소한 실수를 인정하고 지루한 혁명에 뛰어들 때였다

  * 전영관 시 제목

돼지껍데기

돼지껍데기를 굽는다

술을 따라주며 들었던 얘기를 다시 듣는다 자작自酌은 정말 예의가 아닐 수도 있겠다

이 막창가게는 시키지 않아도 돼지껍데기를 서비스로 줘 더 벗겨질 것 없는 내가 껍데기를 불판에 올리고

네가 하는 말은 피가 되고 살이 되겠지만 피와 살이 넘치면 숨통이 비대해지고 껍데기는 물컹거려

씹히는 자의 기분도 헤아려야겠지

돼지껍데기는 생의 껍질에서 벗어나 그 연약했던 꿀꿀 소리 한 번 내지 않고 나는 꿀꿀하게 타들어가고

껍데기 안쪽이 자꾸 오그라들어 뒤집어 놓자

튄다

〈
껍데기가 튄다

껍데기는 세상과 맞장 뜬 살갗을 건드리면 반드시 튄다

노릇

요양병원 흡연구역에서 우리가 닮은 것을 알게 되고

흙벽과 기둥만 남은 신전에서 노릇의 꿀꿀함을 설파하던 돼지처럼 침을 흘렸다 서로의 종말이 남아있어

닮음을 떼어놓으려 할수록 다급히 떠나는 트럭에 실린 기분이 들었다

우리는 한 공간을 맴돌다 가는 돼지의 발바닥보다 깨끗하지 않아 사무치기 쉬운 게 냄새였고

뒤통수를 긁으며 먼발치는 먼발치대로 힘이 부친다는 말에

어젯밤 길고양이가 내게로 와 몸을 부빌 때 곁을 주며 착한 이웃이 되자고 서둘러 말한

방심처럼

그 서두에 먼저 엎드리고 싶었다

〈

주차장의 차들이 방심을 덮어쓰고 있어 모두가 박힌 말뚝이 되었지만

어떤 노릇은 태생이 피보다 진해 아무리 씻어도 발바닥보다 더러웠다

아가리

비명이 헤져 이젠 할 말이 없다

할 말 없는 내겐 기댈 용서가 없고 애초의 일처럼 땅바닥에 눕는다

땅이 아가리를 벌리고 비명을 삼키려 한다 아가리는 무섭지 않다 물리는 일도 애초의 일이니까

그저 남아있는 출출함이 무섭다

헤진 비명을 땅의 아가리에 눈망울처럼 던져 준다 덥석 무는 땅의 아가리 그러나 가끔씩 뱉어지는 빈 몸의 비명늘

어쩌다 살아나려는 것일까 버려진 절망도 사라진 이곳까지 와서

어둠도 덩달아 아가리를 벌린다 어둠의 아가리엔 말문이 막힌 귀신들이 쓴 입을 막고 서 있어

〈
땅의 아가리에 어둠의 아가리를 마저 던져주고

손을 털 듯

나의 아가리를 찢는다

우물우물

정육점의 엎드린 살점을 쓰다듬다가

죽으나 사나 덤빈 것이 육체였음을 육체에서 육체로 넘어가려는 착한 고백이었음을 쓰다듬다가

살점을 덮친 냉장고의 붉은빛이 이별을 무르는 것으로 보일 때 밀린 빚을 받아내려는 빚쟁이로 보일 때

나는 쓰다듬다가

심장 사이사이 육체가 지천이었으나 씻으려는 고백 사이사이 박힌 나는 삶이 실수인 나를 쓰다듬다가

한 점의 살을 물던, 한 점의 나를 물던, 물어야 산다는 힘 센 오늘이 붉어

오늘의 동무인 어제와 어제의 동무인 그제를 불러다 놓고 오늘의 새끼인 내일은 이제 그만 낳자고

다시 태어나야 할 삶에서 가장 큰 실수는 자꾸 낳는 거라고

〈
우물우물

나는 어떻게든 핥는 사람

나는 어떻게든 핥는 사람

핥으면 개라 하는 사람이 어떤 개가 될지 모르면서 툭 하면 갖다 붙이고 친하다는 말을 밥 먹듯 해

양손을 얌전히 모으고 핥았다 손쉬운 악수를 해본 적 있었나

지나야 아는 일을 미리 아는 건 어려운 일이다 사람과 뼛속까지 친해지긴 글렀지만 그래도 친해진다면 악수 한 번 나눌 수 있을까

아무에게 말하지 않는 솔직한 앞날이 될까

흠잡을 데 없이 친해서 물거나 물릴 일 없이 놀아볼까 뜬 눈으로 차가운 눈을 가리며

사람이 세상천지에 널려있어 깨끗하게 핥았고 빈 사람도 핥았다 연민을 배워가는 개의 자세로

〈
 한때 온전한 사람을 찾으러 다닌 해맑은 정신으로

 밖을 먼저 보는 게 눈目이라서 나는 나부터 핥고 너는 너부터 핥는 것이 보인다

 가까워질수록 모르는 게 많아진다 그래도 괜찮다 모든 삶이 일회용이란 걸 이제 아니까

 나는 실수 없는 삶처럼 핥는다

빈집

사람 없이

지내는 일이 어렵다고 울타리 안의 작은 나무들이 간간이 바람에 몸을 뒤척인다 이 뭉개짐이 어지간히 싫은가 보다

반쯤 열린 우체통에 몸을 기대자 한 사람의 이름을 악물고 있던 나무들이 일제히 입을 벌려 그 이름을 뱉어내

추락하던 손을 내밀어 사람을 받는다

빈집을 놔두고 그리움을 파묻을 수도 없고 아직 내 몸엔 빈 곳이 많아 그의 기록은 끝나지 않아

누가 나를 뒤에서 민다면 터무니없는 말이겠지만 엎어질 듯 한 발짝 밀려 들어가 이 먹빛 고요를 깨뜨리고

미처 씻기지 못한 울음을 토해 낼 것이다

불량한 순례자처럼

선배

식당이 많았다

선배와 어디로 들어갈까 고민하는 동안 날이 어두워져 몇 번 해야 할 인사를 한꺼번에 했다

한 사람의 얘기를 듣다 보면 말이 그 사람을 키운다는 생각이 든다 슬픔을 슬픔 없이 말하거나 남의 일처럼 말하는 걸 보면

말이 끝난 후엔

내 얘기가 될 것 같아 되돌리려 했다 상식이 즐비하면 상식 밖도 즐비하다 때론 속없는 얘기가 될 수 있겠다

다짐하며 사람과 사람 사이를 지나왔다 아무것도 아닌 말을 들으려 지금처럼 지나갈 것이다

후배가 부르고 있다

당신의 기억 속에 있는 내가 이만큼 자라서

 도심 속 한 공간을 내 흙을 덮고 가을무를 심었더니 어떻게 알고 흰나비들이 날아와 날아다닌다 나를 아는 영혼들이 요 며칠 내가 키우는 그리움의 외곽이 궁금했나 보다

■ 해 설

아껴둔 쓸쓸함을 아는 돌멩이처럼
– 이돈형의 시

유성호(문학평론가, 한양대학교 국문과 교수)

1. 지극한 마음이 찾아오는 순간

 영상이 주도해가는 다매체 시대에 서정시는 가장 선명하고 오랜 '남은 자'들의 목소리를 증언하는 활자예술의 극점에 외롭게 서 있다. 주변성과 외곽성을 한껏 자임하면서 서정시가 경험적 한계를 넘어 심미적 지속성을 가지는 것은 여전히 우리 내면에 근원적 가치를 꿈꾸고 상상하려는 열망이 남아 있기 때문일 것이다. 이러한 서정시의 역설적 가능성이 그려가는 기억의 현상학은 앞으로도 우리 시대를 밝히는 중요한 자산이 되어줄 것이다. 이돈형의 신작 시집 『잘디잘아서』(상상인, 2022)는 그러한 미학적 가능성으로 충일한 세계를 담고 있다는 점에서 일종의 대안적 질

서를 세워가는 뚜렷한 실례로서 다가온다. 그의 시는 사물이나 현상을 향해 한껏 나아갔다가 다시 자신의 실존으로 돌아오는 속성을 견지함으로써 일인칭 언어예술로서의 본령을 견고하게 지켜가고 있다. 우리는 이러한 기율로 구성된 이돈형의 시를 통해 사람이나 사물의 구체성과 원형성을 발견하게 되고, 나아가 지극한 마음이 찾아오는 순간을 남다른 진정성으로 만나보게 된다. 이제 그만의 사유와 감각의 세계로 천천히 들어가 보도록 하자.

2. 삶의 긍정과 사람의 발견

이돈형의 시는 시인 자신이 유한자有限者로서 겪어가는 불가피한 한계를 넘어 상상적인 존재 전환 과정을 반영한 언어예술로서 우뚝하다. 삶의 보편적 비극성을 새로운 경험으로 탈환함으로써 스스로 마련해온 사랑과 그리움의 언어를 끝없는 파문으로 만들어간다. 이제 한 경지에 오른 언어적 문양文樣이 정점에서 빛을 발한다. 그 점에서 이돈형의 시는 자신의 삶에 찾아온 사물이나 현상의 심미적 현재형을 담아가는 동시에, 스스로의 반성적 의지를 통해 새로운 세계에 대한 꿈을 끝없이 생성시켜간다. 뭇 생명에 대한 사랑을 넉넉하게 함축한 서정시를 써감으로써 생명에 대한 믿음이 지워져가는 우리 시대를 비판적으로 성찰해가는 미학을 우리에게 건네고 있는 것이다. 다음 작품을 먼저 읽어보자.

눈이 사람처럼 왔다

손바닥에 닿자 이내 녹아 버려 손바닥을 한동안 내놨다

지나온 맘을 데우는 것보다 허공에 내놓은 손바닥이 차가워지는 일이 더디다

나를 끌어안던 사람
나를 밀쳐내던 사람
나를 질책하던 사람
나를 죽여주던 사람

사람, 사람, 사람, 사람, 사람, 사람, 사람, 사람

눈이 사람처럼 오고 내민 손이 좀처럼 차가워지지 않아도 돌이켜보는 것에는 어떤 아름다움이 있어 몸이 따뜻해진다

〈

쉽게 녹아내려도

손에 잔금이 많아 손금을 그만 믿어도 되겠는데 눈이 사람처럼 내려와 한순간 정神이 돌기도 한다

사람이 갖는 외로움엔 한복판이 없어

누군가 만나는 일이 어려워지고 오늘 같은 날엔 눈 쌓여가는 나무의 잔가지들이 눈에 들어온다

모두 다녀간 사람처럼

- 「눈」 전문

'눈'과 '사람'의 결속 과정은 이내 '눈사람'이라는 형상을 연상시키지만, 여기서는 손바닥에 내려 녹아버리는 '눈'을 통해 '사람'이라는 존재를 사유하는 성찰적 과정을 온축하고 있다. "눈이 사람처럼 왔다"는 말로 시작되는 이 눈의 내림來臨은 '나'를 끌어안고 밀쳐내고 질책하고 죽여주던 사람을 곧바로 시인에게 환기시킨다. 눈송이처럼 "사람, 사람, 사람, 사람, 사람, 사람, 사람, 사람"의 형상으로 내리는 그 순간의 물질성은 '눈'이 '사람'처럼 올 때 파생시키는 아름다움과 따뜻함을 구체적으로 느끼게끔 해준다.

유난히 손에 잔금이 많은 시인이 오랜 '정情'을 그 시간 위로 올려놓았기 때문이다. '눈[雪]'은 나무 잔가지들에 쌓이고 사람의 눈[眼]으로 하염없이 쏟아진다. "다녀간 사람처럼" 내려 사람 '눈'에 하염없이 내리는 눈송이들은 그 자체로 우리 삶의 어떤 한계와 그럼에도 어김없이 확인되는 따뜻한 순간을 담고 있는 것이다. 그 마음이 "피고지고피고 지는 날들을 거둬들이고 피는 순간 지는 일에 매달리는 꽃잎처럼"(「배가 아파 돌아오는 저녁」) 다가와서는 "무너짐이 얼마나 힘든 노동이었을까를 생각"(「무너지는 일」)하게끔 해주고 있는 것이다.

국수를 삶는다

긴 장마에 벽지가 뜨고 곰팡이 냄새는 내가 세상에 매달려 내는 냄새처럼 뭉쳐있다

새들의 좁은 입으로 저녁의 외벽이 물려있고 사람들은 하루치 몸에 밴 곰팡내를 털며 돌아온다

삶는 냄새엔 사려가 있어 친근하다

끓어오를 때 찬물을 붓듯 허기를 끼얹고 돌아오는 사

람들에게 창문을 열어 냄새를 풍겨볼까

핏물 빠진 실핏줄처럼 면발이 풀어질 때까지

풀어주는 게 아니라 풀어지는 게 방생이 아닐까 국수를 저으며 생각한다

저을수록 한 방향이 적막해지고 갓 삶아낸 면을 행구다 보면 손 씻는 삶을 어르는 소리가 들려

안간힘과 안간힘이 붇다가 한 덩이가 될 때까지 삶은 국수를 냉장고에 넣는다

무례하게 붇은 국수가 좋다

- 「국수」 전문

'국수'를 삶는 이의 마음도 '눈'을 맞는 이의 마음과 다르지 않을 것이다. 장마로 인한 벽지 곰팡이 냄새와 국수를 삶으며 내는 냄새는 '사람'을 중심으로 서로 닮아 있다. 국수 삶는 냄새에는 사려와 친근함이 있고 허기를 달래는 따뜻함이 있다. "실핏줄처럼 면발이 풀어질 때까지" 기다리는 시간도 충실하게 담겨 있다. 그 따뜻함은 스스로

풀어지는 '방생'의 에너지도 함께 발산할 것이다. 시인은 국수를 삶으면서 삶을 어르는 어떤 소리가 들리는 것을 느끼는데, 이때 시인의 사유와 감각은 사람을 향한 긍정적 마음으로 넉넉하게 다가온다. 이러한 마음은 "한때 온전한 사람을 찾으러 다닌 해맑은 정신"(「나는 어떻게든 핥는 사람」)이기도 하고 "작은 격렬이 얼비치다가도 세월의 자국"(「사진」)으로 남은 시간의 등가적 상관물이기도 할 것이다.

이처럼 이돈형의 시는 삶에서 마주친 여러 장면을 순간적 잔상殘像으로 점화點火함으로써 그 안에 '눈'이나 '국수' 같은 따뜻한 기억과의 유추적 연관성을 탐색해간다. 섬세하고 아름다운 이러한 시심詩心이 '시인 이돈형'의 성숙도를 짐작케 하고도 남음이 있다. 그렇게 시인은 현재까지 겪어온 기억을 심미적으로 노래함으로써 삶의 기율을 새롭게 세워가는 제의祭儀 과정을 치러간다. 그 점에서 이돈형은 삶에 각인된 기억을 통해 자신의 현재형을 성찰하는 '삶' 혹은 '사람'의 시인이다. 뭇 존재자들의 불가피한 한계를 승인하면서도 그네들을 따뜻하게 감싸안는 품을 통해 중심으로부터 배제된 순간들을 실감 있게 복원해내는 시인인 것이다. 이는 한결같이 소외되고 배제된 것들을 옹호하는 그의 마음이 발견한 지극한 순간이기도 하다. 이돈형의 시선과 필치가 수반하는 삶의 긍정과 사람의 발견 과정이 이때 선명하게 드러나는 것이다.

3. 기억 속으로 완성되어가는 사랑과 그리움

 또한 그의 시는 대상을 향해 한없는 원심력을 보이다가도 궁극적으로는 스스로에게 귀환해오는 과정을 차근차근 밟아간다. 그는 자신의 주변에 편재(遍在)하는 어둑한 기운을 탐사하면서 그것이 남긴 흔적이 자신의 실존과 중첩되기도 하고 다른 이들의 삶에 새겨져 있기도 하다는 사실을 증언해간다. 깊은 애착을 가지고 그러한 이야기의 뿌리를 찾아나선다. 이때 그의 시는 애잔한 기억을 재현해내는 데 멈추지 않고 삶의 깊이에 안간힘으로 가닿는 예지와 정성을 한결같이 보여준다. 이는 그가 수행하는 기억이 물리적 시간의 한계를 역류하면서 스스로의 동일성을 부단히 변형해가는 순간을 함축하고 있기 때문이다.

  어린 봄이 끌어안는다

  품은 마음의 일이라 안기면서 이래도 되는가 싶었지만
  봄이 봄을 타는 것보다 내가 봄을 타는 게 낫겠다 싶어

  막 돋아
  어떤 그리움도 생기지 않은 봄눈처럼 걷는데
  〈

인부들이 가로수의 가지치기를 하느라 사다리차를 타고 올라가 이른 봄들을 싹둑싹둑 자르고 있다

없어도 그만인 가지들이 없어서는 안 될 봄을 끌어안고 떨어진다

화르르
일생의 냄새가 났다 뒷모습 없는

사방이 캄캄하다거나 속수무책 같은 일은 일어나지 않았지만 없어도 그만인 내가 부러운 사람이 되어

걸었다

봄을 타는데 몸에 든 봄이 뛰쳐나가려 하고 봄의 나머지는 한두 발짝 뒤쳐져 따라와 왜 그러냐며 손을 잡아끌었다

바람이 좀 차갑긴 해도 쓰다듬는 일을 멈추지 않았다
— 「쓰다듬다」 전문

누군가를 쓰다듬는 것은 그 자체로 신체와 신체가 친

밀하게 접촉하는 '사랑'의 행위일 것이다. 그것은 '끌어안음'과 '품음'과 '잡아 끔'의 과정을 필연적으로 수반하면서 주체와 대상이 한 몸이 되는 과정을 완성시켜간다. 이러한 수행성은 "어린 봄"에 내리는 눈처럼 어떤 그리움도 생겨나지 않는 순수한 순간을 끌어온다. 그렇게 봄이 우리에게 다가왔다가 속절없이 멀어져 간다. 힘겹게 지녀온 "일생의 냄새"를 끼치면서 떨어지는 나뭇가지들을 뒤로하고 시인은 봄 내내 "쓰다듬는 일"을 멈추지 않는다. 사랑과 그리움의 잔영들이 봄날을 관통하면서 우리 마음까지 쓰다듬는다. 그것은 "내가 키우는 그리움의 외곽"(「당신의 기억 속에 있는 내가 이만큼 자라서」)을 한없이 적시면서 "그리움을 더 작은 단위로 셀 수 없을"(「연락」) 순간에 대한 갈망으로 이어져간다. 이돈형은 그 점에서 양도할 수 없는 사랑과 그리움의 시인이기도 하다. 다음은 어떠한가.

　　당신을 내몰았더니 몸이 아프다

　　사람을 짚어보는 일이 이젠 손으로 하는 일이 아니란 걸 알아 작은 열이 난다

　　제때 닦아내지 않아
　　흰 몸에 번지는 검은 잉크처럼

〈

착실하게

대상 없이 사랑을 배워 사랑의 이기적인 것만 배워 애초에 사랑은 죽어 내게 죽은 사랑을 짊어가며

내몰았으니 물러 준다 할 수 없는
내몰렸으니 물러 달라 할 수 없는

그날이 하필 우리에겐 한날한시가 되어 당신을 짊어본다 이것이 나를 증명할 수 있는 유일한 방법

당신에게 나를 헹구듯 헹궈 널듯 널어놓은 내가 펄럭이듯 분주해지다

짊어도 짊어지지 않을 때 나는 한 번 더 앓는다

없어서 있음을 알아가듯

― 「몸살」 전문

이번에는 '당신'이라는 이인칭을 떠나보내고 앓는 몸살 이야기를 담고 있다. 역시 시인은 '사람'과 '죽은 사랑'을

짚어보면서 '당신'을 생각한다. 그 접촉과 사랑의 과정은 손에 의해 이루어지는 것이 아니라 "흰 몸에 번지는 검은 잉크" 같은 '나'의 마음을 중심으로 진행되어간다. '당신'에게 '나'를 헹궈 널 듯, 시인은 분주해진 시간을 통과하면서 "짚어도 짚어지지 않을 때"까지 신열을 앓는다. 그 통증이야말로 "없어서 있음"을 알게 해주는 더없는 생의 축도縮圖였기 때문이다. 그렇게 사랑의 몸살을 통과하고 나서야 시인은 "내 생애 봄날 같은 사진"(「사진」)을 남길 수 있었고 "자꾸 어딘가로 가는 사랑"(「죽을 만큼」)을 안타깝고 아름답게 호명할 수 있었을 것이다.

이처럼 우리는 이돈형이 건네는 사랑과 그리움의 언어를 통해 시인 자신을 둘러싼 조건을 역류하는 사랑의 마음을 한껏 느끼게 된다. 시인은 우리에게 사랑의 언어를 끊임없이 던지면서, 가장 근원적이고 강렬한 에너지가 세상을 향한 기억과 대상을 향한 사랑에 바탕을 두고 있음을 증명한다. 외롭고 높고 쓸쓸한 목소리가 나타날 때가 많지만, 그럼에도 그는 그것을 사랑으로 바꾸어 자신의 존재 형식을 고백해간다. 결국 이돈형에게 '사랑'이란 고독이나 결핍에서 잉태되어 기억 속으로 완성되어가는 그 무엇이 아닐까 한다.

4. 필연적 소멸의 과정을 감싸안는 힘

그런가 하면 이돈형의 상상력은 소멸의 전조前兆 앞에 놓인 한시적인 존재들을 그려내는 데 집중한다. 소멸의 가능성은 삶이 지속되는 한 필연적으로 따라다니는 존재 조건이 아닐 것인가. 그의 시는 이러한 소멸의 필연성에 의해 충실하게 태어나면서 스스로의 동일성을 환기해가는 예술적 파동을 구축한다. 밋밋한 지속성보다는 첨예하게 빛나는 순간을 통해 존재의 본질과 만나려는 모험을 그 안에 담고 있다. 그 점에서 그는 '시인'이란 존재가 걸어오는 말을 들으며 그것을 다시 지상의 사람들에게 전하여 세계를 환하게 밝히는 직능을 가진 존재자라는 하이데거M. Heidegger의 날카로운 정언을 한껏 충족해간다. 그 직능이 그로 하여금 "그을린 어둠을 삼키려는"(「어둠」) 소멸의 과정을 한없는 국량局量으로 감싸안게끔 해주는 것이다.

 사람이 사람을 메고 허물어져라 상여 나간다

 죽음이 출렁이는 하늘 아래를 머리로 이고 삶이 출렁이는 땅 위를 발로 밟아가며 상여 나간다

 흰 상여 나간다

〈

　가벼움을 한줌 번쩍 들고 가는 사람들과 한줌의 가벼움이라도 남았을까 두 손 탁 놔버린 사람이

　모두 희어서 눈부신 멸망

　있음도 없음도 아닌 죽음을 떼메고 사람들은 왜 왔었소 왜 왔었소 내딛고 한 사람은 왜 왔었나 왜 왔었나 내딛는다

　요령소리에 갯바람이 불어오다 한 소식 나가신다고 두 갈래로 갈라져 그 몸을 숙이고

　뒤따르는 자들마저 마음이 희어서 죽음에 장단맞춰나간다

　흰 상여 나가신다

- 「상여」 전문

'상여'는 죽음 제의에 쓰는 소도구이지만 상징적으로는 "사람이 사람을 메고 허물어져라" 하며 세상을 떠나가는 형이상학적 장치이기도 하다. 죽음이 출렁이는 하늘 아래

서 삶이 출렁이는 땅을 밟아가는 이들은 "모두 희어서 눈부신 멸망"을 떠받들고 나간다. 그때 가장 가벼워지는 순간이 탄생한다. "있음도 없음도 아닌 죽음"이야말로 그들로 하여금 삶을 되묻게 하면서 동시에 "한 소식 나가신다고 두 갈래로 갈라"지게끔 해주기도 한다. 그저 몸 숙이고 뒤따르는 자들의 마음처럼 희디흰 죽음에 장단 맞추는 상여는 소멸이야말로 '사라짐의 충만함'이 만들어내는 아름다운 순간임을 표현하는 것이다. 그것은 "온순해진 짐승처럼 뒷걸음질 쳐 나에게로 돌아갈"(「혼자 놀아서」) 시간을 예행하는 것이고 "피는 순간부터 지는 일에 몰두하는"(「배가 아파 돌아오는 저녁」) 필연적 역설의 운동이기도 할 것이다.

　　지상에 남겨진 기척들을 모조리 쓸며 저녁이 온다

　　가둘 것이 사라지고
　　둘 데 없는 눈들이 조금 먼 데를 바라보게 되는

　　어느 누구라도 삶이라는 덩어리를 어깨에 메고 짐승의 그림자처럼 터벅터벅 걸어와도 무방할 저녁이 온다

　　다 뭉개지는데

〈

　생활 속에 나를 밀쳐놓았다가도 아픈 데가 있으면 들여다보듯 오늘이 이 저녁을 들여다보고 있다

　둘러보면 모든 것이 뭉개진 사방인데 한낮에 벌인 사투의 현장에 조금 남아있는 붉은빛에 물려

　나는 입을 틀어막고

　한 저녁이 한 사람의 육신을 달래는 동안
　한 사람이 한 저녁의 신전을 뉘이는 동안

　둘러메는 일보다 더 어두컴컴한 일은 없다고 어깨를 털며 저녁을 쥔다

　신의 이물 없는 손을 잡은 것처럼 이 저녁이 대책 없다
　　　　　　　　　　　　　　　　　　　　 -「저녁」 전문

　'저녁' 역시 사물이나 현상이 제자리로 돌아가는 시간일 것이다. 시인은 지상에 남겨진 기척을 모조리 쓸며 다가오는 저녁을 맞아들이면서 모든 것이 사라져 버린 순간을 끌어온다. 그때 시인의 시선은 조금 먼데를 바라볼 수 있었

을 것이다. 어둑해지는 시간의 흐름 속에서 "삶이라는 덩어리"를 메고 짐승의 그림자처럼 걸어오는 저녁은, 한낮에 사투를 벌인 빛을 한편에 남겨 놓기도 했을 것이다. 그렇게 "한 저녁이 한 사람의 육신을 달래는" 동안에 시인은 한 사람이 한 저녁의 신전을 뉘이는 순간도 바라보고, 신神의 이물 없는 손을 잡아보기도 한다. 저녁은 시인으로 하여금 "정든 소멸처럼 애태움을 가시게"(「의자」)끔 해주고 "그리워질 말이 소매를 잡아"(「국물」)당기게끔 해주기도 한 것이다.

물론 소멸의 순간에 대한 시인의 섬세한 관찰과 표현은 그만의 사랑이 가능하게 했을 것이다. 시인 자신의 경험적 관찰이 대상의 형상을 담아내는 데 맞춤한 에너지를 선사했을 것이기 때문이다. 이때 시인은 자신의 삶을 반추해보기도 하고 새로운 세계에 대한 간접 경험을 풍요롭게 하기도 한다. 근원적 기억을 선명하고도 아득하게 복원함으로써 소멸의 심미적 풍경을 성찰적으로 재구성한 것이다. 결국 이돈형의 시는 필연적으로 소멸해가는 대상들을 원형적 상像으로 담으면서 삶에 대한 가장 근원적인 사랑과 통찰을 수행해가고 있는 것이다.

5. 시간의 흐름 안에서 구성되는 존재론

　이돈형의 시는 가파른 삶의 비극성에 대한 시인 나름의 응전이자 증언의 결실로 훤칠하게 다가온다. 모든 사물은 일정한 시공간 속에서 동일성을 유지하다가 그 유한성으로 말미암아 물리적으로 사라져 간다는 점을 고려한다면, 우리의 생도 순간적으로 존재했던 것에 지나지 않음을 그는 역설한다. 그는 가시적 상관물을 통해 유한한 기억 속에 웅크리고 있는 존재론적 원형까지 불러옴으로써 유한성을 넘어서는 역설적 장면을 구현해가는 시인이다. 그리고 이러한 생생한 장면들은 그만의 독자적 시학을 구성하는 원질原質이 되어준다.

　　잘디잘은 돌멩이처럼 쉽게 구를 수 있다면 부르르 떨며 부서질 수 있다면

　　아무렇게 뒹굴다 부딪치거나 터져도 웃는 돌멩이처럼 근근이 소멸에 가까워진 돌멩이처럼

　　닮고 싶다

　　그런 돌멩이 옆에 팔베개를 하고 누워보면 쓸쓸함도 따

뜻하다고 돌멩이에 코를 대면 가슴을 쓸어내린 냄새가 난
다고

 누군가에 발길질하고 싶을 때 그 냄새를 맡으며 부서질
대로 부서져 잘디잘은 사람이 될 수 있겠다고

 잘아서 울음도 쉽게 망가지고 식은땀도 넉넉하게 흐르
고 어쩌다 뜨거워져도 금세 식어버리는

 아주 잘디잘아서 어떤 영혼에도 쉽게 상하는

 가끔은 제 돌멩이에 뒤통수를 맞고도 배시시 웃는 돌멩
이처럼

 아껴둔 쓸쓸함을 아는 돌멩이처럼
- 「잘디잘아서」 전문

 시집 표제작이기도 한 이 작품은 "잘디잘은 돌멩이처럼" 구를 수 있기를 소망하는 존재론의 시편이다. 시인은 "근근이 소멸에 가까워진 돌멩이처럼" 살아가고 싶어 하는데, 그렇게만 되면 쓸쓸함도 따뜻함으로 몸을 바꾸어갈 것이기 때문이다. 그리고 부서질 대로 부서져 잘디잘은 사람도

될 수 있을 것이기 때문이다. 잘디잘아서 가끔 제 돌멩이에 뒤통수를 맞고도 웃는 돌멩이는 그 자체로 '시인 이돈형'의 성정과 마음을 반영한 이미지일 것이다. 그렇게 "아껴둔 쓸쓸함을 아는 돌멩이처럼" 살아가려는 시인의 마음은 "그럴수록 더 저만큼으로"(「사람 人字는 八字와 비슷하다」) 나아가면서 "글썽임에서 멀어"(「나는 모자란 사람」)지지 않는 따스함을 견지해갈 것이다.

이처럼 이돈형은 시간의 흐름 속에서 존재론을 구성해가는 격정의 시인이다. 세계내적 존재로서의 운명에 대한 응시와 확인과 성찰 과정을 누구보다도 힘차게 치러가는 미학적 장인匠人이다. 그의 작품 표면에는 몸 깊이 새겨져 있을 상처의 흔적이 빈번하게 나타나지만 그 이면에는 상처들을 치유하고 다스려가는 남다른 의지가 지속적으로 나타나 있다. 그렇게 시인은 자신의 실존적 상황을 받아들이면서 그 안에서 파동 치는 시간의 깊이를 드러내는 데 매진하고 있다. 그의 내면에 지속되는 흐름으로서의 시간은 그를 가장 성숙하고 깊은 데로 인도하고 있는 것이다.

6. 견고하고 심층적인 서정의 결실

이제까지 우리는 시간예술로서의 이돈형 시집을 천천히

읽어왔다. 한 편 한 편이 모두 시간의 흐름에 의해 완성되어가는 그의 시는 삶의 순간적 파악에 바탕을 둔 언어예술로서 아름답게 거듭난다. 그 순간이란 오랜 시간의 흐름이 온축된 '충만한 현재형'일 것인데, 시인은 기억 속에 남아 있는 순간들을 통해 아득한 자신만의 존재론적 차원을 하나하나 구축해간다. 그는 모든 마음들이 처한 실존적 상황에 대해 끊임없이 현재적 성찰을 도모하면서, 몸속에 수많은 흔적을 새겨가는 파문을 응시하고 표현한다. 이때 그의 시는 과거를 과장하는 미화美化의 원리나 미래를 밝게 하는 전망의 원리가 아니라 자신의 현존을 사유하는 실존의 흔적들로 줄곧 나타나고 있다. 이제 이돈형 시인은 더욱 견고하고 심층적인 서정의 결실을 이루는 큰 시인으로 도약해갈 것이다. 그래서 우리는, 이번 시집의 출간에 더없는 축하의 말씀을 드리면서, 아껴둔 쓸쓸함을 아는 돌멩이처럼 심원한 세계를 장착한 시인으로 한 걸음 더 성큼 나아가기를 마음 깊이 희원해보는 것이다.

제3회 선경문학상 수상작

잘디잘아서

초판 1쇄 발행 | 2022년 11월 25일
초판 3쇄 발행 | 2025년 05월 15일

지 은 이 이돈형

펴 낸 곳 도서출판 상상인
펴 낸 이 진혜진
편　　집 세종PNP
교　　정 길상화
표지디자인 김민정

등록번호 제572-96-00959호
등록일자 2019년 6월 25일
주　　소 06621 서울시 서초구 서초대로74길 29, 904호
전화번호 02-747-1367, 010-7371-1871
팩　　스 02-747-1077
전자우편 ssaangin@hanmail.net

ISBN 979-11-91085-84-6 (03810)

값 10,000원

- 이 책은 전부 또는 일부 내용을 재사용하려면 반드시 저작권자와 도서출판 상상인의 동의를 받아야 합니다.
- 이 책은 교보문고와 연계하여 전자책으로도 발간되었습니다.